Ce livre est imprimé sur un papier sans chlore
et résistant au vieillissement, fabriqué
selon un usage responsable de la forêt.

Si vous désirez recevoir gratuitement notre catalogue
et être régulièrement informé de nos nouveautés,
n'hésitez pas à envoyer vos coordonnées à :

L'ARCHE *Éditeur*
86, rue Bonaparte
75006 Paris
newsletter@arche-editeur.com

ISBN : 978-2-85181-503-3
© 2002 L'Arche *Éditeur*,
86, rue Bonaparte, 75006 Paris
Tous droits réservés

Conception graphique de la couverture :
Susanne Gerhards

11 septembre 2001

Croquis préparatoire de Michel Vinaver.

Michel Vinaver
11 septembre 2001

Livret

Texte français
avec texte original en regard

L'Arche

Foreword

Text written in the weeks following the destruction of the Twin Towers in Manhattan. Written in English (more precisely, in American), no doubt because of the location of the event and because English is the language of the words taken from daily newspapers. French version then written by the author.

The form is close to that of the cantata and oratorio, composed of arias (for one, two or three voices), choral parts (which, in the French version, remain in the original language), and recitatives spoken by a "journalist", whose function may recall that of the evangelist in the Passions by J.-S. Bach.

"Who is speaking ?" The names of the characters must be heard or seen : they have the same status as the words.

Note liminaire

Texte écrit dans les semaines qui ont suivi la destruction des « Twin Towers » de Manhattan. Écrit en anglais (plus précisément : en américain), sans doute en raison de la localisation de l'événement et parce que c'est la langue des paroles rapportées, provenant de la lecture de la presse quotidienne. Adaptation française rédigée ensuite par l'auteur.

La forme se rapproche de celle des cantates et des oratorios, se composant d'airs (à une, deux ou trois voix), de parties chorales (qui, dans la version française, restent dans la langue originale), et de récitatifs pris en charge par un « journaliste », fonction qui peut faire penser à celle de l'évangéliste dans les Passions de J.-S. Bach.

« Qui parle ? » Le nom des personnages doit être entendu ou vu au même titre que les paroles prononcées.

UNIDENTIFIED MALE VOICE FROM THE COCKPIT
OF AMERICAN AIRLINE FLIGHT 11 (SLIGHT ARAB
ACCENT)
We have some planes
Just stay quiet
And you'll be OK
We are returning to the airport

AIR TRAFFIC CONTROLLER
Who's trying to call me ?

Silence.

THE UNIDENTIFIED MALE VOICE
Nobody move please
We are going back to the airport
Don't try to make any stupid moves

PILOT UNITED AIRLINE FLIGHT 175
We heard
A suspicious transmission on our departure from
Boston
Sounds like
Someone keyed the mike and said
Everyone stay in your seats

AIR TRAFFIC CONTROLLER
There's no transponder

UNE VOIX MASCULINE NON IDENTIFIÉE, CABINE DU VOL
AMERICAN AIRLINE 11 (LÉGER ACCENT ARABE)

Nous avons

La mainmise sur quelques avions

Silence restez tranquilles

Et rien ne vous arrivera

Nous retournons à l'aéroport

CONTRÔLEUR TRAFIC AÉRIEN

Qui est-ce qui essaie de m'appeler ? Qui parle ?
Identifiez-vous qui êtes-vous ?

Un silence.

LA VOIX MASCULINE NON IDENTIFIÉE

Personne ne bouge s'il vous plaît

Nous retournons à l'aéroport

N'essayez pas de faire le moindre geste

PILOTE VOL UNITED AIRLINE 175

Capté

Une transmission suspecte à notre envol de
Boston

Comme si

Quelqu'un avait saisi le micro ordonnant genre

Tout le monde reste assis à sa place

CONTRÔLEUR TRAFIC AÉRIEN

Il n'y a pas de transpondeur

No nothing
And no one's talking to him

UNIDENTIFIED PILOT
Anybody know
What that smoke is in lower Manhattan ?

Silence.

AIR TRAFFIC CONTROLLER
We may
Have a highjack
We have
Some problems over here right now

Silence.

American 77 Indy
American 77 Indy radio check
How do you read ?

Silence.

A fast-moving primary target
Is moving east
Heading toward the forbidden airspace over the
White House the Capitol and the Washington
Monument

Silence.

Intercept and identify the fast-moving target

Nib de nib
Et personne ne lui parle

PILOTE NON IDENTIFIÉ

Quelqu'un a une idée de ce que c'est cette fumée
à la pointe de Manhattan ?

Un silence.

CONTRÔLEUR TRAFIC AÉRIEN

Ça se pourrait
Qu'on ait affaire à un détournement
Nous avons
Un petit problème de ce côté-ci en ce moment

Un silence.

American 77 Indy
American 77 Indy radio check
How do you read ?

Un silence.

Une cible primaire se dirige à grande vitesse
Direction est
Se rapproche de l'espace aérien interdit au-dessus
de la Maison Blanche du Capitole et du
Washington Monument

Un silence.

Interceptez et identifiez la cible primaire se dépla-
çant à grande vitesse

VOICE FROM CREW OF THE MILITARY C-130 CARGO
PLANE

It's a Boeing 757
Moving low and fast

CHORUS

One More Night
The Ultimate Check-out
Enjoy a Complimentary Fourth Night
At One of
The Leading Hotels of the World
Rising and Falling
A Boom a Bust
The Slump but a Rebound

FEMALE VOICE

Madeline Sweeney speaking
I'm a flight attendant aboard American Airline 11

MALE VOICE

Michael Woodward here
Ground manager Logan Airport hi Madeline

MADELINE

Michael this plane
Has been hijacked
They have just gained access to the cockpit
The plane's now reversed direction
It's begun to descend rapidly

14

VOIX DE L'ÉQUIPAGE DU CARGO MILITAIRE C-130
C'est un Boeing 757
Volant à grande vitesse à de plus en plus basse altitude

CHŒUR
One More Night
The Ultimate Check-out
Enjoy a Complimentary Fourth Night
At One of
The Leading Hotels of the World
Rising and Falling
A Boom a Bust
The Slump but a Rebound

VOIX DE FEMME
Ici Madeline Sweeney
Hôtesse sur American Airline 11

VOIX D'HOMME
Michael Woodward à l'appareil
Ground manager Logan Airport hi Madeline

MADELINE
Michael cet avion
A été détourné
Ils viennent d'accéder au cockpit
L'appareil est en train de faire demi-tour
On perd de l'altitude rapidement

ANOTHER MALE VOICE
Operator ?

OPERATOR
Hi

THE OTHER MALE VOICE
Hello what's your name ?

OPERATOR
Lisa

THE OTHER MALE VOICE
For God's sake this is incredible you've got the same name as my wife

Listen Lisa my name's Beaver

Todd Beaver

LISA
Hi Todd

MICHAEL
Do you know your location Madeline ?

MADELINE
I see water and buildings

Oh my God oh my God

SOUND : THE CRASH OF AN AIRPLANE

16

UNE AUTRE VOIX D'HOMME
Standard ?

STANDARDISTE
Oui hello

LA VOIX D'HOMME
Hello vous vous appelez ?

STANDARDISTE
Lisa

LA VOIX D'HOMME
Ça alors c'est incroyable vous avez le même nom
que ma femme
Écoutez Lisa mon nom est Beaver
Todd Beaver

LISA
Hi Todd

MICHAEL
Vous avez une idée Madeline de votre position ?

MADELINE
Je vois de l'eau et des buildings oh
Oh mon Dieu mon Dieu

BRUIT : LE CRASH D'UN AVION

TODD

Listen carefully Lisa I know I'm going to die

LISA

What do you mean ?

TODD

I'm on United Airline 93 headed to San Francisco
we've been hijacked

LISA

You're crew or passenger ?

TODD

Passenger we've heard

About the two hijacked airliners that slammed into
the World Trade Center a quarter of an hour ago

LISA

Oh you have

TODD

Yeah

We're heading toward same sort of destination

The White House possibly

We're going to resist it

They've herded all of us into a galley at the rear

TODD

Écoute-moi bien Lisa je sais que je ne vais pas m'en tirer

LISA

Qu'est-ce que vous voulez dire ?

TODD

Je suis sur United Airline 93 à destination de San Francisco nous avons été détournés

LISA

Vous êtes équipage ? passager ?

TODD

Passager nous sommes au courant

Des deux avions qui se sont fichus dans le World Trade Center il y a un quart d'heure

LISA

Ah vous savez

TODD

Oui

Nous allons vers le même genre de destination

La Maison Blanche peut-être

Nous allons faire quelque chose

Ils nous ont entassés dans l'espace de service à l'arrière

CHORUS

    After the Walkout

    The Next Mideast Descent

    Battle Heats Up

    A New Kind of Mission as the U.S. Stands Back

    One More Night

    The President's Advisers Have Been Working

    To Present Him as a More Commanding Leader

    Slowdown Forcing Bush to Shift Focus

TODD

    Yes this includes the two pilots who are injured

    They've stabbed one passenger to death

    There are three of them or maybe four one of them
    is standing guard over us

    With a bomb attached to his waist

    We're going to do something

    Jump on him then hopefully run to the cockpit

    One of us is a trained pilot a V.P. of Connecticut-
    based Safe Flight Instrument Company

    Please Lisa relay a message to Lisa my wife tell her
    I love her and the boys

CHORUS

    Memo from Wall Street Even Harder Path Ahead

    Oracle Chief Sees Few Survivors in PC Shakeout

    Abrasive Day in Court Kabul in an Extraordinary
    Collision of Cultures

CHŒUR

After the Walkout

The Next Mideast Descent

Battle Heats Up

A New Kind of Mission as the U.S. Stands Back

One More Night

The President's Advisers Have Been Working

To Present Him as a More Commanding Leader

Slowdown Forcing Bush to Shift Focus

TODD

Oui les deux pilotes aussi qui sont blessés

Ils ont poignardé aussi un passager

Mort trois ils sont trois ou quatre l'un d'eux nous garde

Une bombe attachée à sa ceinture

Nous allons faire quelque chose

Sauter sur lui avec un peu de chance prendre d'assaut le poste de pilotage

L'un de nous vice-président de la Safe Flight Instrument Company dans le Connecticut est un pilote confirmé

S'il te plaît Lisa transmets un message à Lisa ma femme dis-lui que je l'aime et les gamins

CHŒUR

Memo from Wall Street Even Harder Path Ahead

Oracle Chief Sees Few Survivors in PC Shakeout

Abrasive Day in Court Kabul in an Extraordinary Collision of Cultures

21

TODD

And that I love the boys David is three and Drew is one

She's expecting a third it will be a girl in January

Pray for me

CHORUS

Fragile Beauty Under Assault

TODD

Are you guys ready ?

Let's roll

SOUND : THE CRASH OF AN AIRPLANE

CHORUS

Hi

Jacked

Hi

Jacked Jets Jackety Jets

Hijacked Jets

Hi

Jets Hit Trade

World Weird

Worderly Trade

Pentagon

Twin Towers

Falling Down Falling Down Falling

TODD

Les deux gamins David qui a trois ans et Drew un
an dis-lui que je les aime aussi

Elle en attend un troisième une fille en janvier

Prie pour moi

CHŒUR

Fragile Beauty Under Assault

TODD

Les mecs vous y êtes ?

On charge

BRUIT : LE CRASH D'UN AVION

CHŒUR

Hi

Jacked

Hi

Jacked Jets Jackety Jets

Hijacked Jets

Hi

Jets Hit Trade

World Weird

Worderly Trade

Pentagon

Twin Towers

Falling Down Falling Down Falling

Gone

The Twin Towers Are Falling Down Falling Down
Falling Down

BUSH

Freedom itself

Was attacked this morning by a faceless coward

And freedom

Will be defended

CHORUS

Amid horror and disbelief

BUSH

I want to reassure the American people

CHORUS

How Have You Been ?

We're Out

Get Away from it All

Well

For an Hour or Two

BUSH

Make no mistake

CHORUS

The People You Need are Only a Touch Away

Attackers Neither Mad nor Desperate

Gone

The Twin Towers Are Falling Down Falling Down
Falling Down

BUSH

C'est la liberté qui elle-même

A été attaquée ce matin par un lâche sans visage

Et la liberté

Sera défendue

CHŒUR

Amid Horror and Disbelief

BUSH

Je veux rassurer le peuple américain

CHŒUR

How Yave You Been ?

We're Out

Get Away from it All

Well

For an Hour or Two

BUSH

Qu'on ne s'y trompe pas

CHŒUR

The People You Need are Only a Touch Away

Attackers Neither Mad nor Desperate

BUSH

The United States will hunt down
And punish
Those responsible for these cowardly acts

CHORUS

U.S. Terror Alert Networks
Were Looking in the Wrong Direction
Warnings
Went Unheeded for Years

BUSH

We have taken the necessary precautions
To continue the functions of your government

CHORUS

Buildings
Were Unprepared to Withstand such an Impact

BUSH

The resolve
Of our great nation is being tested
But make no mistake

CHORUS

Paths

BUSH

Les États-Unis vont traquer

Et châtier

Ceux qui sont responsables de ces actions méprisables

CHŒUR

U.S. Terror Alert Networks

Were Looking in the Wrong Direction

Warnings

Went Unheeded for Years

BUSH

Nous avons pris toutes les mesures nécessaires

Pour assurer la continuité des fonctions de votre gouvernement

CHŒUR

Buildings

Were Unprepared to Withstand such an Impact

BUSH

La résolution

De notre grande nation est mise à l'épreuve

Mais qu'on ne s'y trompe pas

CHŒUR

Paths

Of Terror a Nation
Mourns

BUSH

We will show the world
God bless

JOURNALIST

Here I am standing
At Ground Zero I behold
Scenes of chaos and fear
Some are alive some are dead some were alive

CHORUS

Bush Vows to Hunt Down Perpetrators

JOURNALIST

People were seen
Falling from upper floors of the one hundred and
ten-story buildings

CHORUS

Amid the Chaos Extraordinary Choices

JOURNALIST

Voluntarily
Or was it the blast
Shall we ever know ?

Of Terror a Nation
Mourns

BUSH
Nous montrerons au monde
Dieu bénisse

JOURNALISTE
Ici où je me tiens ici
Ground Zero je vois
Des scènes inouïes de chaos et de peur
Certains sont vivants d'autres morts certains
étaient vivants

CHŒUR
Bush Vows to Hunt Down Perpetrators

JOURNALISTE
Des gens ont été vus
Tombant des plus hauts étages

CHŒUR
Amid the Chaos Extraordinary Choices

JOURNALISTE
Volontairement
Ou était-ce le souffle
Saura-t-on jamais ?

FEMALE VOICE

My name's Katherine Ilachinski I'm seventy I'm an architect

My office is

I should say was

On the ninety-first floor of 2 World Trade Center

The south tower that is

That was

I was knocked off my chair by the blast of heat exploding from the neighboring tower

What should I do? It's them not us nevertheless I figured get out fast

So I went for the stairs

OTHER FEMALE VOICE

My name's Judy Wein

Same tower one hundred and third floor

I suppose I screamed I set off too

MALE VOICE

My name's Nat Alamo

Working with Morgan Stanley

I'd been on the phone with my fiancee

She told me to flee

As I made my way down

I ignored the official with the megaphone on the forty-fourth floor who said

VOIX DE FEMME

Je m'appelle Katherine Ilachinski j'ai soixante-dix ans je suis architecte

Mon bureau est

Je devrais dire était

Au quatre-vingt-onzième étage du 2 World Trade Center

C'est la tour sud

C'était

J'ai été éjectée de mon siège c'était le souffle de l'explosion de la tour voisine

Que faire ? C'est l'autre tour me suis-je dit mais je me suis dit quand même qu'il fallait fuir

C'était irraisonné je me suis dirigée vers l'escalier

AUTRE VOIX DE FEMME

Je m'appelle Judy Wein

Tour sud cent troisième étage

Je crois que j'ai hurlé j'ai pris mes jambes à mon cou

VOIX D'HOMME

Je m'appelle Nat Alamo

Je travaille chez Morgan Stanley

J'étais au téléphone avec ma fiancée

Elle m'a dit fuis

J'ai entrepris la descente

Il y avait ce type avec son mégaphone au quarante-quatrième étage qui beuglait des instructions

31

Go back up you're safe here
Moments later my tower was struck
I went down three steps at a time
Flying

OTHER MALE VOICE

My name's Richard Jacobs I'm with Fuji Bank
I left the seventy-ninth floor with all my colleagues
On the forty-eighth floor we heard the announce-
ment that the situation was under control
Several got in the elevators and went back up
Two minutes or so before the second plane
smashed into their floor
I just don't know what happened to them

RUMSFELD

Ultimately they're going to collapse from within
That is what will constitute victory

JOURNALIST

Amid the uncertainty about the best thing to do
Some left others stayed
Some began the climb down and when met with
the announcement
Went back up

Remontez il n'y a pas de danger ici je ne l'ai pas écouté

Quelques instants plus tard ma tour a été percutée

J'ai déboulé les escaliers je ne sais plus comment parmi les pans de murs et de plafond qui tombaient

AUTRE VOIX D'HOMME

Mon nom est Richard Jacobs je travaille à la banque Fuji

J'ai quitté le soixante-dix-neuvième étage avec tous mes collègues

Au quarante-huitième nous avons entendu l'annonce que tout était en ordre

Plusieurs ont pris l'ascenseur et sont remontés

À peu près deux minutes avant que le deuxième avion vienne s'encastrer chez nous dans notre étage

Je ne sais pas au juste ce qui leur est arrivé

RUMSFELD

À la fin ils s'effondreront de l'intérieur

C'est cela qui constituera la victoire

JOURNALISTE

Dans l'incertitude sur ce qu'il y avait de mieux à faire

Certains partirent d'autres restèrent

Certains s'engagèrent dans la descente et quand ils entendirent l'annonce

Remontèrent

33

The decisions made in those instants proved momentous

Because many who opted to stay

Were doomed when the second jet crashed into the south tower

Roughly one hour elapsed

Between the first strike and the fall of the last of the two towers

INSTRUCTION SHEET TO HIJACKERS

The last night

Remind yourself that in this night

You will face many challenges

But you have to face them

And understand it one hundred percent

Obey God

His messenger

JOURNALIST

Decisions made during those sixty minutes

Helped determine if people perished or lived

INSTRUCTION SHEET

And don't fight among yourselves

Where you become weak

And stand fast

Les décisions prises en ces instants se sont révélées capitales

Parce que beaucoup de ceux qui résolurent de rejoindre leur poste de travail

Périrent lorsque le deuxième jet s'abattit sur la tour sud

Environ une heure s'écoula

Entre la première frappe et l'affaissement de la dernière des deux tours

FEUILLET D'INSTRUCTIONS AUX TERRORISTES

La dernière nuit

Rappelle-toi qu'au cours de cette nuit

Tu auras à faire face à plusieurs épreuves

Mais tu auras à les surmonter

Et à tout bien comprendre

Cent pour cent obéis à Dieu

Toi son messager

JOURNALISTE

Les décisions prises au cours de ces soixante minutes fatidiques

Auront fait la différence entre la vie et la mort

Pour toute sorte de gens de toute sorte

FEUILLET D'INSTRUCTIONS

Et ne vous disputez pas entre vous

Toute chamaillerie vous affaiblirait

Bannissez toute cause de faiblesse soyez fermes

JOURNALIST

Without question the evacuation of thousands of people

Went well

People helping each other with acts of courage great and modest

INSTRUCTION SHEET

God will stand

With those who stood fast

Purify your heart and clean it from all earthly matters

The time of fun and waste has gone

JOURNALIST

People on floors as high as the eighty-eighth in the north tower

Stepping on bodies and rubble

Made the full trip to safety

INSTRUCTION SHEET

You have to be convinced that those few hours

That are left you in your life

Are very few

JOURNALIST

In the packed stairwell

36

JOURNALISTE

Incontestablement l'évacuation de milliers de personnes

S'est passée au mieux

Les gens s'apportaient de l'aide les uns aux autres nombreux ont été les actes de bravoure modestes ou éclatants

FEUILLET D'INSTRUCTIONS

Dieu soutiendra

Ceux qui sont demeurés fermes

Purifie ton cœur purge-le de toutes matières terrestres

Le temps de s'amuser et de gaspiller est révolu

JOURNALISTE

Des gens à des étages aussi hauts que le quatre-vingt-huitième de la tour nord

Enjambant les corps et les gravats amoncelés

Réussirent la descente échappant à l'anéantissement

FEUILLET D'INSTRUCTIONS

Tu dois te mettre bien dans la tête que les heures

Te restant à demeurer en vie

Sont en très petit nombre

JOURNALISTE

Parmi la foule qui dévalait les escaliers

People stepped aside to let burn victims speed
past

INSTRUCTION SHEET
From there you will begin to live
The happy life
The infinite paradise

JOURNALIST
People who made it out depict a scene of carnage
Calm and some confusion
About what to do

INSTRUCTION SHEET
Be optimistic
The prophet was always optimistic
Check all your items
Your bag your clothes
Knives
Your will
Your IDs your passport your safety
Make sure nobody is following you
When you enter the plane
O God open all doors for me
O God you who open all doors

FEMALE VOICE
My name is Dorene Smith

Il y en avait qui s'écartaient pour laisser passer les
grands brûlés

FEUILLET D'INSTRUCTIONS

Dès lors tu commenceras à vivre

La vie heureuse

Le paradis infini

JOURNALISTE

Au milieu de ce carnage

Il y a eu du calme comme de la confusion

Et beaucoup d'indécision

FEUILLET D'INSTRUCTIONS

Sois optimiste

Le Prophète a toujours été optimiste

Vérifie toutes tes affaires

Ton sac tes vêtements

Les couteaux

Ton testament

Tes papiers d'identité ton passeport et ta sécurité

Assure-toi que personne ne te suit

Quand tu entres dans l'avion

Ô Dieu ouvre-moi toutes les portes

Ô Dieu toi qui ouvres toutes les portes

VOIX DE FEMME

Mon nom est Dorene Smith

I was standing at my desk on the eighty-eighth floor
there with a colleague

INSTRUCTION SHEET

Please open all doors for me

Open all avenues to me

DORENE

When parts of the ceiling caved in

We're going to be fine we told each other as we
grabbed our pocketbooks

And moved through the rubble to the stairway

MALE VOICE

My name is John Paul DeVito

DORENE

At the seventy-eighth floor I saw a woman whose
hair and clothing

Had largely been burned off

JOHN PAUL

I was sitting down to some paper work and a
second cup of coffee after meeting with a client

DORENE

She was aflame I couldn't hold her so I held a
sweater around her waist

J'étais à mon bureau au quatre-vingt-huitième étage avec une collègue

FEUILLET D'INSTRUCTIONS

Dieu veuille m'ouvrir toutes les portes

Qu'à moi s'ouvrent toutes les voies du salut

DORENE

Lorsqu'une partie du plafond avec les tubes de néon et les fils enchevêtrés s'est retrouvée par terre on va s'en tirer qu'on s'est dit on a pris nos sacs

Et on a escaladé les décombres jusqu'au palier là on s'est engagées dans l'escalier

VOIX D'HOMME

Je m'appelle John Paul DeVito

DORENE

Au soixante-dix-huitième étage j'ai vu une femme dont les cheveux et les vêtements étaient en feu

JOHN PAUL

À mon bureau j'étais plongé dans un dossier devant ma deuxième tasse de café de la matinée je venais de recevoir un client

DORENE

Elle brûlait je ne pouvais pas l'agripper alors j'ai enroulé un pull autour de sa taille

41

OTHER MALE VOICE

My name's Arturo Domingo

JOHN PAUL

And next to me was Harry Ramos it was eight forty-eight a.m. when our building

DORENE

And guided her down amid debris and this special smell of singed wool

ARTURO

I work with Morgan Stanley

JOHN PAUL

Lurched violently like a ship in high seas Mr. Ramos our head trader

DORENE

Several hundred others stepped out of the way to let us pass

ARTURO

The descent had been calm and orderly

JOHN PAUL

Braced himself in the doorway I was nearly knocked off my chair I run this outfit as chief oper-

AUTRE VOIX D'HOMME

Je m'appelle Arturo Domingo

JOHN PAUL

Et à côté de moi se tenait Harry Ramos il était huit heures quarante-huit quand notre bâtiment s'est penché

DORENE

Et je l'ai guidée ainsi dans la descente il y avait cette odeur spéciale de laine grillée

ARTURO

Je travaille chez Morgan Stanley

JOHN PAUL

Un coup de roulis comme sur un bateau en pleine mer

DORENE

Plusieurs centaines de gens qui descendaient se sont rangés pour nous laisser passer

ARTURO

La descente n'a pas été désordonnée je dirais qu'elle a été tranquille

JOHN PAUL

M. Ramos notre trader principal s'est accroché au cadre de la porte j'ai été propulsé hors de mon

ating officer not a big outfit we've had a few problems

 DORENE

And we made it to the street in eighteen minutes

ARTURO

But when I reached the forty-fourth floor a man
with a megaphone

Stood there telling people there was no problem
his exact words were

"Our building is secure you can

Go back to your floor

If you're a little winded

You can

Get a drink of water or coffee in the cafeteria"

JOHN PAUL

Lighting fixtures pulled loose from the ceiling
crashing on the floor papers flew smoke poured in
through holes that suddenly opened overhead several employees screamed

Neither Harry nor me had any idea what had happened Harry was just back from a week's leave after
the death of his mother-in-law a bomb we thought
the main problem was that smoke

I called Marilyn my wife

"I love you Mar" I said "I love our kids take care
of the kids"

fauteuil je suis le directeur de cette boîte une petite
boîte

DORENE

Et nous avons débouché dans la rue au bout de
dix-huit minutes

ARTURO

Mais quand je suis arrivé au quarante-quatrième
étage un bonhomme avec son mégaphone

Était campé là disant aux gens qu'il n'y avait pas
de problème

« Notre bâtiment ne craint rien vous pouvez

Retourner à votre étage

Si vous avez du mal à respirer

Vous pouvez vous arrêter à la cafétéria boire un
verre d'eau

Ou un café »

JOHN PAUL

Le plus dur c'était la fumée

Elle s'infiltrait par les brèches qui s'ouvraient au-
dessus de nos têtes plusieurs de nos employés se
sont mis à hurler

Ni Harry ni moi n'avions la moindre idée de ce
qui se passait Harry revenait d'une semaine de
congé suite au décès de sa belle-mère le bureau se
remplissait de cette fumée

J'ai appelé Marilyn ma femme

Je t'aime Mar je lui ai dit j'aime nos enfants
prends-en bien soin

Harry Ramos and me we're two normal men each with twenty-five years on Wall Street

Trying to slug out a living in a bear market

I'm forty-five years old the son of immigrants with two school-age daughters and a house in Chappaqua New York

And Mr. Ramos approaching his forty-fifth birthday on Sunday lived in Newark

I say lived because he is dead

I suppose anyway

He had been staying behind

Directing confused strangers into the stairwell

Finally outside

Engulfed by smoke and dust I don't know if I'm going to survive this I thought

I began walking with my eyes closed bumping into parked cars falling down picking myself up

Weeping alive ecstatic about life glad I had decided to help others to safety grieving about Ramos

JOURNALIST

People in the south tower

Had less time to make a choice

Last to be hit first to collapse

CHORUS

Sifting Through the Aftermath

46

Harry Ramos et moi on est des mecs sans rien de particulier chacun avec nos vingt-cinq ans de Wall Street

On s'efforce de gagner notre vie au mieux dans un marché déprimé

J'ai quarante-cinq ans et deux filles à l'école on a une maison à Chappaqua

Et M. Ramos même âge que moi habitait Newark

Je dis habitait parce qu'il est mort

Je suppose

Il était resté en arrière

Aidant des inconnus désorientés à trouver la cage d'escalier

Finalement dehors

Les poumons remplis de fumée et de poussière je ne sais pas si je survivrai à cela je me suis dit

J'ai commencé à marcher les yeux fermés butant dans des voitures en stationnement tombant me relevant

Pleurant vivant dans l'extase d'être vivant triste au sujet de Ramos

JOURNALISTE

Les gens qui étaient dans la tour sud

Ont eu moins de temps pour faire leur choix

Dernière à être frappée

Elle a été la première à s'effondrer

CHŒUR

Sifting Through the Aftermath

47

Wall Street Weighs Timing of Job Cuts
DNA Testing Doctors Hope
Will Help to Identify the Dead

ATTA

This is my will
Those who will sit beside my body
Must pray for me
To be with the angels

JOURNALIST

The nineteen men prepared for their final day
In a tight choreography
Over eighteen months

ATTA

The body is to be washed and wrapped
In three pieces of white cloth
Not to be made from silk or expensive material

A TRADER

I think quite candidly

ATTA

The person who will wash my body near the genitals

Wall Street Weighs Timing of Job Cuts
DNA Testing Doctors Hope
Will Help to Identify the Dead

ATTA

Ceci est mon testament
Ceux qui s'assiéront à côté de mon corps
Doivent prier pour que je sois
Avec les anges

JOURNALISTE

Les dix-neuf hommes qui se sont préparés à leur
jour final
Dans une chorégraphie rigoureuse
Pendant dix-huit mois

ATTA

Le corps doit être lavé et enveloppé
Dans trois morceaux d'étoffe blanche
Ni de soie ni d'un tissu coûteux

UN TRADER

Je crois en toute candeur

ATTA

La personne qui lavera le bas de mon corps

THE TRADER

That it's better to have more time between the disaster and the reopening of the financial markets

JOURNALIST

Only one aboard each of the four commandeered aircraft

Knew how to fly a plane

THE TRADER

The more time that we get to think about this and to think logically

The more rational response will be in the markets

ATTA

Must wear gloves on his hands

So he won't touch my genitals

ANOTHER TRADER

I expect it to be a time of very heavy volatility

FIRST TRADER

As I see it damage to the stock market will be limited

The United States is a very big country

With a huge and diverse economy

LE TRADER

Qu'il vaut mieux que s'écoule le plus de temps possible entre le désastre et la réouverture des marchés financiers

JOURNALISTE

Il n'y en avait qu'un à bord de chacun des avions pris en otage

Qui savait piloter

LE TRADER

Plus nous aurons de temps pour mettre nos idées en ordre de façon logique

Plus il y a de chances que les marchés réagiront de façon rationnelle

ATTA

Doit revêtir ses mains de gants

De sorte qu'il ne touche pas mes parties génitales

UN AUTRE TRADER

Je m'attends à ce que nous traversions une période de très lourde volatilité

LE PREMIER TRADER

De mon point de vue les dégâts que subira le marché boursier seront limités

Les États-Unis sont un très vaste pays

Avec une économie puissante et variée

CHORUS

The Physics of Turning a Tower into a Cloud of Dust and Rubble

ATTA

I don't want a pregnant woman or a person who is not clean

To come and say goodbye to me

I don't want any women to come to my grave at all during my funeral or on any occasion thereafter

JOURNALIST

Mohamed Atta when he wrote his will five years earlier

Did not know

That there would be no body

CHORUS

On Wall Street

Times are Difficult

Jobs Have to be Cut

Yet Most Companies are Reluctant

To Dismiss People Immediately

For Fear of Seeming Heartless

BUSH

It is vital

To keep consuming

CHŒUR

The Physics of Turning a Tower into a Cloud of Dust and Rubble

ATTA

Je ne veux pas qu'une femme enceinte ou une personne malpropre

S'approche pour me faire des adieux

Je veux qu'aucune femme ne vienne sur ma tombe pendant mes funérailles ou à quelque autre occasion par la suite

JOURNALISTE

Mohamed Atta lorsqu'il a rédigé son testament cinq années plus tôt

Ne savait pas

Qu'il n'y aurait pas de corps

CHŒUR

On Wall Street

Times are Difficult

Jobs Have to be Cut

Yet Most Companies are Reluctant

To Dismiss People Immediately

For Fear of Seeming Heartless

BUSH

Il est vital

De continuer à consommer

CHORUS

Keep Desires Afloat

BUSH

Keep buying

To preserve the economy

From collapsing

CHORUS

For This is War Prepare

To Suffer Hardships

Consent Sacrifices

JOURNALIST

Now memories orbit around small things

None of the other window washers liked his old and rusty green bucket

But Jan Demczur

Found its rectangular mouth

Perfect for dipping and wetting his squeegee

In one motion

The time was eight forty-seven a.m.

With five other men

Shivan Iyen John Paczkowski George Phoenix Colin Richardson

And another man whose identity could not be learned

Mr. Demczur boarded car sixty-nine A

CHŒUR

Keep Desires Afloat

BUSH

De continuer à acheter

Pour prémunir l'économie contre la menace

D'un effondrement

CHŒUR

For This is War Prepare

To Suffer Hardships

Consent Sacrifices

JOURNALISTE

Voici qu'à présent la mémoire se met en orbite autour de petites choses

Le seau en métal de Jan Demczur

Aucun des autres laveurs de vitres ne trouvait présentable ce vieux seau d'un vilain vert et tout rouillé

Mais Jan Demczur

Estimait son bec rectangulaire

Juste ce qu'il fallait pour tremper et retirer essoré son racloir

D'un seul mouvement

Il était huit heures quarante-sept

Avec cinq autres hommes

Shivam Iyer John Paczkowski George Phoenix Colin Richardson

An express elevator that stopped on floors sixty-seven through seventy-four

The car rose

But before it reached the level of its first potential landing

DEMCZUR

We felt a muted thud

The building shook

The elevator swung from side to side

Like a pendulum

IYER

Then it plunged

In the car someone punched an emergency stop button

The elevator cabin stopped

Smoke seeped in

JOURNALIST

They succeeded in prying apart the car doors

IYER

But there was no exit

Facing us a blank wall stenciled with the number "50"

Et un autre qu'il n'a pas été possible d'identifier

M. Demczur a pris place dans la cabine soixante-neuf-A

Un ascenseur express desservant les étages soixante-sept à soixante-quatorze

La cabine a commencé sa montée

DEMCZUR

On a entendu un coup sourd

Le bâtiment a tremblé

L'ascenseur s'est mis à osciller

Comme un pendule

IYER

Puis il a plongé

Quelqu'un dans la cabine a appuyé sur le bouton stop

La chute s'est arrêtée

Peu à peu la cabine s'est remplie de cette fumée

JOURNALISTE

Ils ont réussi à forcer la porte

IYER

Mais il n'y avait pas de sortie

Face à nous un mur aveugle et le numéro « 50 » marqué au pochoir

JOURNALIST

Demczur sliding his squeegee's metal edge against the wall back and forth over and over

Was able to cut a rectangle about thirty by forty-five centimeters

IYER

It was nine thirty by this time the fiftieth floor was already deserted Demczur wouldn't drop his bucket as we stumbled down in the rubble "the company might not order me another one" he said

JOURNALIST

As the descent was getting rougher requiring the use of hands roundabout the twenty-first floor he had to let it go

At ten twenty-three they burst onto the street five minutes later the north tower collapsed

Their escape had taken ninety-five of the one hundred minutes between the plane's crash and the building's collapse

IYER

If the elevator had stopped at the sixtieth instead of the fiftieth floor we would've been five minutes too late

That man with the squeegee he was like our guardian angel

JOURNALISTE

Demczur a attaqué la paroi avec l'arête métallique de son racloir

Il a pu la percer puis découper une fenêtre de trente par quarante-cinq centimètres

IYER

Il était neuf heures et demie plus personne au cinquantième étage quand nous avons amorcé la descente parmi les décombres rien à faire pour que Demczur lâche son seau « la société pourrait ne pas m'en commander un autre » il a dit

JOURNALISTE

Le seau lui a échappé des mains au vingt et unième étage

À dix heures vingt-trois ils ont débouché dehors

cinq minutes plus tard la tour implosait

Leur échappée a pris quatre-vingt-quinze minutes sur les cent qui ont séparé le crash de l'effondrement

IYER

Si la chute de l'ascenseur s'était arrêtée un petit peu plus tôt

Disons au soixantième et non au cinquantième

Il nous aurait manqué cinq minutes pour arriver jusqu'en bas

Cet homme avec son racloir

Il a été comme notre ange gardien

BUSH

Good afternoon on my orders the United States military has begun strikes

BIN LADEN

Here is America struck by God almighty in one of its vital organs

BUSH

We are supported in this operation by the collective will of the world

BIN LADEN

So that its greatest buildings are destroyed grace and gratitude to God

BUSH

Now the Taliban will pay a price initially the terrorists may burrow deeper into caves

BIN LADEN

America has been filled with horror from north to south and east to west

BUSH

Our military action is designed to clear the way for sustained comprehensive and relentless

BUSH

Bonjour sur mes ordres l'armée des États-Unis a commencé des frappes

BEN LADEN

Voici l'Amérique frappée par Dieu tout puissant en un de ses organes vitaux

BUSH

Nous sommes soutenus dans cette opération par la volonté collective du monde entier

BEN LADEN

De sorte que ses plus grands édifices sont pulvérisés par la grâce de Dieu à qui va notre gratitude

BUSH

De ce forfait les talibans peuvent s'attendre à payer le prix les terroristes auront beau s'enfoncer au plus profond de leurs cachettes souterraines

BEN LADEN

L'Amérique a été saisie d'horreur du nord au sud et de l'est à l'ouest

BUSH

Notre action militaire a pour objet de préparer le terrain à des opérations de grande ampleur mettant en œuvre les moyens les plus diversifiés

BIN LADEN

And thanks be to God that what America is tasting

BUSH

Operations to drive them out and bring them to justice

BIN LADEN

Is only a copy of what we have tasted

BUSH

At the same time the oppressed people of Afghanistan will know the generosity of America

BIN LADEN

God has blessed a group of vanguard Muslims to destroy America

BUSH

As we strike military targets we will also drop food

BIN LADEN

May God allot them a supreme place in heaven

BUSH

The United States of America is a friend of the Afghan people

62

BEN LADEN

Ce dont grâce à Dieu l'Amérique commence à sentir le goût

BUSH

Pour les faire sortir de leurs terriers et les présenter à la justice

BEN LADEN

N'est que la pâle copie de ce que l'Amérique fait subir

BUSH

En même temps le peuple opprimé d'Afghanistan connaîtra la générosité de l'Amérique

BEN LADEN

Dieu a confié à un groupe de musulmans d'élite la mission sacrée de détruire l'Amérique

BUSH

En même temps que nous frapperons les cibles militaires nous lâcherons de la nourriture

BEN LADEN

Que Dieu leur accorde une place suprême dans les cieux

BUSH

Les États-Unis d'Amérique sont les amis du peuple afghan

BIN LADEN

Then the whole world went into an uproar the infidels followed by the hypocrites

BUSH

And we are the friends of almost a billion worldwide who practice the islamic faith

BIN LADEN

Hypocrisy raised its head up high bemoaning those killers who toyed with the blood honor and sanctities of Muslims

BUSH

We're a peaceful nation

BIN LADEN

They backed the butcher against the victim the oppressor against the innocent child

BUSH

In the face of today's new threat the only way to pursue peace

BIN LADEN

The wind of change is blowing

BUSH

Is to pursue those who threaten it

BEN LADEN

Alors le monde entier est entré dans la plus grande panique les infidèles suivis des hypocrites

BUSH

Et nous sommes les amis de près d'un milliard de gens qui pratiquent la religion islamique dans le monde entier

BEN LADEN

L'hypocrisie a levé haut la tête lamentant la perte de ces assassins qui ont joué avec le sang l'honneur et les sacrements des musulmans

BUSH

Nous sommes une nation pacifique

BEN LADEN

Ils ont soutenu le boucher contre sa victime l'oppresseur contre l'enfant innocent

BUSH

Face à la nouvelle menace d'aujourd'hui la seule façon de poursuivre la paix

BEN LADEN

Le vent du changement souffle

BUSH

Est de poursuivre ceux qui la menacent

BIN LADEN

To remove evil

BUSH

The name of today's military operation

BIN LADEN

I swear to God

BUSH

Is Enduring Freedom

BIN LADEN

That America will not live in peace

BUSH

Our patience in all the sacrifices that may come

BIN LADEN

Before all the army of infidels depart the land of Mohamed

BUSH

The battle is now joined

BIN LADEN

God is the greatest

BEN LADEN

Pour faire disparaître le mal

BUSH

Le nom de l'opération militaire d'aujourd'hui

BEN LADEN

Je jure devant Dieu

BUSH

Est Liberté Immuable

BEN LADEN

Que l'Amérique ne vivra pas en paix

BUSH

Notre patience dans tous les sacrifices à venir

BEN LADEN

Tant que l'armée des infidèles n'aura pas quitté jusqu'au dernier la terre de Mahomet

BUSH

La bataille maintenant est engagée

BEN LADEN

Dieu est le plus grand

BUSH

We will not waver

BIN LADEN

These events have divided the world

BUSH

We will not tire

BIN LADEN

Into two camps

BUSH

We will not falter

BIN LADEN

The camp of the faithful

BUSH

And we will not fail

BIN LADEN

And the camp of the infidels

BUSH

Peace and freedom will prevail

BIN LADEN

May God shield us

68

BUSH
Nous ne fléchirons pas

BEN LADEN
Ces événements ont divisé le monde

BUSH
Nous ne nous lasserons pas

BEN LADEN
En deux camps

BUSH
Nous ne défaillerons pas

BEN LADEN
Le camp des croyants

BUSH
Et nous n'échouerons pas

BEN LADEN
Et le camp des mécréants

BUSH
La paix et la liberté l'emporteront

BEN LADEN
Que Dieu nous protège

BUSH

May God continue to bless us

YOUNG FEMALE VOICE

Sure yes sure I ought to've been at the office

Thank God Tommy had an indigestion he vomited all night

Got me really worried why don't you take the day off Paul said for once get a little rest

I can't do that to him Paul I said there's this closure meeting at ten Mr. Gainsborough expects me to get his files ready for the ultimate details

Sometimes the trickiest in a negociation of this nature

Seven billion dollars in stock and three and a half in cash plus four point eight in debt a pretty flamboyant operation

There'll always be this meeting or that meeting honey Paul said to me Mr. Gainsborough will understand take a look at yourself in the mirror you're not fit I swear

All right I said

And now and now and now

THE END

70

BUSH

Que Dieu nous bénisse

VOIX DE JEUNE FEMME

Bien sûr oui bien sûr il aurait fallu que j'y sois au bureau

Dieu merci Tommy a eu son indigestion il a vomi toute la nuit

J'étais vraiment inquiète Paul me dit tu pourrais pour une fois rester à la maison prendre un peu de repos

Je peux pas lui faire ça à M. Gainsborough Paul je lui dis il y a ce meeting de clôture à dix heures

M. Gainsborough compte sur moi pour mettre la dernière main à ses dossiers les ultimes menus détails ce sont parfois les plus épineux

Dans ce type de négociation

Sept milliards de dollars en actions et trois et demi comptant plus quatre milliards huit cent mille de dettes une opération assez faramineuse

Il y aura toujours un meeting par-ci un meeting par-là chérie Paul me dit M. Gainsborough comprendra regarde-toi dans la glace t'as une mine de déterrée je te jure

Bon je dis

Et maintenant et maintenant et maintenant

FIN

DU MÊME AUTEUR

MICHEL VINAVER, THÉÂTRE COMPLET

Actes Sud et L'Arche ont imaginé et conçu ensemble une série de rééditions de ses pièces, constituant, sous leurs marques distinctes mais dans une présentation commune, le *Théâtre complet* de Michel Vinaver.

Vol. 1 : *Les Coréens, Les Huissiers,* Actes Sud – 2004

Vol. 2 : *Iphigénie Hôtel, Par-dessus bord* (version hyper-brève), Actes Sud – 2003

Vol. 3 : *La Demande d'emploi, Dissident, il va sans dire, Nina, c'est autre chose, Par-dessus bord* (version brève), L'Arche – 2004

Vol. 4 : *Les Travaux et les Jours, À la renverse,* L'Arche – 2002

Vol. 5 : *L'Ordinaire, Les Voisins,* Actes Sud – 2002

Vol. 6 : *Portrait d'une femme, L'Émission de télévision,* Actes Sud – 2002

Vol. 7 : *Le Dernier Sursaut, King, La Fête du cordonnier,* Actes Sud – 2005

Vol. 8 : *L'Objecteur, 11 septembre 2001, Les Troyennes,* L'Arche - 2003

AUTRES PUBLICATIONS

CHEZ L'ARCHE ÉDITEUR

La Demande d'emploi, 1973.
Théâtre de chambre, 1978.
Les Travaux et les Jours, 1979.
Écrits sur le théâtre 1, 1998.
Écrits sur le théâtre 2, 1998.
La Visite du chancelier autrichien en Suisse, 2000.
L'Objecteur, Théâtre, 2001.

CHEZ D'AUTRES ÉDITEURS

Lataume, roman, Gallimard, 1950.
L'Objecteur, roman, Gallimard, 1951.
Les Histoires de Rosalie, « Castor Poche », Flammarion, 1980.
Le Compte rendu d'Avignon (des mille maux dont souffre l'édition théâtrale et des trente-sept remèdes pour l'en soulager), Actes Sud, 1987.
Écritures dramatiques (sous la direction de), Actes Sud, 1993.
King suivi de *Les Huissiers*, « Babel », Actes Sud, 1998.

PREMIÈRE PUBLICATION : 2002
RÉIMPRIMÉ EN OCTOBRE 2010
DANS LES ATELIERS DE NORMANDIE ROTO IMPRESSION S.A.S.
61250 LONRAI
N° D'IMPRIMEUR : 103791
DÉPÔT LÉGAL : OCTOBRE 2010
IMPRIMÉ EN FRANCE